HEYNE MINI

W0270390

JÜRGEN
VON DER LIPPE

Witzkiste

Originalausgabe

WILHELM HEYNE VERLAG
MÜNCHEN

Heyne MINI Nr. 33/1132

15. Auflage

Redaktion: Elisabeth Blay
Umschlagfoto: dpa/Wöstmann, München
Umschlaggestaltung:
Atelier Ingrid Schütz, München
Satz: Satz & Repro Grieb, München
Printed in Germany 2001

ISBN 3-453-04755-9

Zwei Ärzte unterhalten sich.
»Der Kollege Lehmann ist wohl sauer, daß er die Oberarztstelle nicht bekommen hat?«
»Ja, ja, die Verdauung eines anderen kann er wohl fördern, aber die Beförderung eines anderen kann er nicht verdauen.«

Fritzchen: »Ich war heute der einzige Schüler, der eine Frage beantworten konnte!«
»Fein Fritzchen, dafür bekommst du eine Mark.« – »Danke Vati.«
»Aber sag mal, was hat denn der Lehrer gefragt?«
»Er hat gefragt, wer die Scheibe eingeschlagen hat?!«

Sitzen zwei Kühe im Kino. Vor ihnen sitzt ein Pferd mit einem Hut auf dem Kopf. Eine Kuh tippt dem Pferd auf die Schulter: »Liebes Pferd, würdest du bitte deinen Hut abnehmen, damit meine Nachbarin auch etwas sehen kann.«
Dreht sich das Pferd ganz entrüstet um: »Wo gibt's denn das – Kühe im Kino.«

Was ist ein ostfriesisches Haustier mit einem Bein?
Ein halbes Hähnchen!

Oswald Huber/CCC.

In einem kleinen Dorf stirbt eine Jungfrau. Die Verwandten überlegen, was sie auf den Grabstein schreiben sollen.
Onkel Eduard aus der Stadt schlägt vor:
»Ungeöffnet zurück!«

Schulze kommt ins Eheanbahnungsinstitut.
»Na, dann zeigen Sie mir doch mal die Fotos der Damen, die über dreihunderttausend Mark verfügen.«
»Tut mir leid, aber ab fünfzigtausend zeigen wir keine Bilder mehr.«

»Mein Fräulein, darf ich Sie wiedersehen?«
»Ja, rufen Sie mich doch einfach an – meine Nummer steht im Telefonbuch.«
»Und Ihr Name?«
»Der steht gleich daneben!«

SIE: »Du bist eifersüchtig wie immer!«
ER: »Wie welcher Immer?«

Ehekrach:
Es gibt nur zwei Dinge, die mich daran hindern, dich zu verlassen! Das eine hast du, das andere hab ich!«

Tünnes und Schäl treffen sich. Fragt Schäl den Tünnes: »Wo hast du denn die zwei blauen Augen her?«
Tünnes: »Von der Rolltreppe.«
»Wieso Rolltreppe?«
»Ja, da fuhr eine junge Frau vor mir, die hatte den Rock im Po eingeklemmt. Da habe ich ihn rausgezogen. Sie nicht faul und knallt mir eine runter.«
»Und das zweite blaue Auge?« fragt Schäl.
»Ich habe den Rock wieder reingesteckt!«

Der frischgebackene Ehemann sagt leise:

»Schatz, jetzt werde ich dich an einer Stelle streicheln, die vor mir noch nie ein Mann berührt hat.«
»Aber Liebling, meine Augen sind doch so empfindlich.«

Wie nennt man den Mann, der
bei der Liebe singt?
Popsänger!

»Kommst du mit zum Schwimmen?«
»Nein, ich habe Hausarrest.«
»Wieso denn?«
»Habe meinen Bikini falsch getragen!«
»Na wie denn bloß?«
»In der Hand.«

Egon bewundert im Geschäft ein tolles Motorrad.

»Wie lange müßte ich bezahlen, wenn ich jeden Monat 5 Mark hinlegen würde?«
»Ungefähr 150 Jahre!«
»Okay, das Ding ist gekauft!«

»Du hast Zucker? Wie hast du das denn gemerkt?«
»Ich hatte immer weiße Streifen in der Hose!«
»Ach du meine Güte, dann habe ich Zimt!«

Gehen zwei Männer die Straße entlang, der eine von den beiden ist schwanger. Wo gehen die beiden hin?
Zum Patentamt!

Fragt ein Ortsfremder im Autobus seinen Nachbarn:
»Ich möchte zum Königsplatz. An welcher Haltestelle muß ich aussteigen?«
»Richten Sie sich nur nach mir. Sie müssen zwei Haltestellen vor mir raus.«

Herr Krause bestellt ein Schnitzel. Als es der Ober bringt, reagiert er verärgert:
»Herr Ober, das Schnitzel, das ich gestern hier gegessen habe, war doppelt so groß!«
»Stimmt mein Herr, gestern aßen Sie auch am Fenster, wo die Leute vorübergehen.«

Břetislav Kovařik/CCC.

Der Chef faucht Felix an: »Bringen Sie eigentlich auch mal etwas zustande, was Hand und Fuß hat?!«
»Nein. Nicht solange Ihre Tochter die Pille nimmt.«

Frage: In welchem Monat werden in Japan die meisten Kinder geboren?
Antwort: Im neunten Monat!

In welchem Jahr wurde der Keuschheitsgürtel erfunden? Ganz einfach, im selben Jahr wie der Dietrich!

Die Frau Direktor überrascht ihren Mann im Büro mit der Sekretärin auf dem Schoß. Geistesgegenwärtig drückt dieser der Sekretärin den Stenoblock in die Hand und diktiert:
»Trotz der schlechten finanziellen Lage unseres Hauses ist der Kauf eines zweiten Stuhles unumgänglich.«

»Hast du schon gehört – der Obsthändler ist wegen Betruges angezeigt worden.«
»Warum denn?«
»Er hat Stachelbeeren rasiert und sie einfach als Weintrauben verkauft!«

Richter: »Woraus schließen Sie, daß der Angeklagte betrunken war?«
Zeuge: »Er ging in die Telefonzelle, kam nach einer halben Stunde wieder raus und schimpfte, weil der Fahrstuhl nicht funktioniert.«

Wann fliegen die Schwalben nach Süden?
Wenn der Schwanz nach Norden zeigt.

Kommt ein Mann zum Psychiater: »Herr Doktor, man hat mich umgebracht.«
Sagt der Doktor: »Und warum gehen Sie damit nicht zur Polizei?«
»Ich kann es ja nicht beweisen!«

Was ist ein Polizist im Gefängnis?
Sitting Bull!

Klaus Puth/CCC.

Helga quatscht Otto an:
»Kommst du zu meiner Party?«
Fragt Otto: »Was ist denn da los?«
»Wir spielen Fotograf, ein sehr schönes Spiel. Wir machen das Licht aus und warten, was sich entwickelt!«

»Papa, wie heißt eigentlich Adams Schwiegermutter?«
»Adam hatte keine Schwiegermutter, er war doch im Paradies!«

»Allerliebstes Fräulein Inge«, schwärmt der junge Mann, »mit Ihnen möchte ich auf einer einsamen Insel leben...«
»Oh, ihr Männer«, ruft sie, »das ist nun schon die zwölfte Insel, die mir angeboten wird. Aber auf das Nächstliegende, eine hübsche Wohnung, kommt keiner von euch!«

Es sagte der Psychiater zu seiner Sprechstundenhilfe:
»Schicken Sie mir bitte die Nymphomanin rein – und dann können Sie sich für den Rest des Tages freinehmen!«

Sagt der Roboter zur Tanksäule: »Nimm die Finger aus den Ohren und hör mir zu!«

Detlef Kersten/CCC.

Der Chef besichtigt eine Baustelle. Dort sieht er, wie ein Arbeiter schon längere Zeit mit einer Schubkarre leer hin und her fährt. Der Chef knüpft sich den Arbeiter vor.
»Eine halbe Stunde fährst du mit der leeren Karre hin und her, was soll das?«
Der Arbeiter: »Chef, Akkord, Akkord, keine Zeit zum Laden!«

Warum hat der Rhein so viel Wasser?
Damit es nicht so staubt, wenn die Schiffe bremsen!

»J-jetzt habe ich aber g-genug!« lallte der Betrunkene nachts auf dem Nachhauseweg, nachdem er zum fünften Mal an einer Straßenlaterne angeeckt ist. »J-jetzt warte ich – hups – aber, bis der Fackelzug vorbei ist!«

Zwei Marsmenschen landen auf der Erde, um die Erdbewohner zu beobachten. Sie sehen als erstes eine Tanksäule und funken sofort zum Raumschiff: »Leute auf Erde sind ähnlich wie wir. Sie haben viereckigen Körper und vorne einen Computer. Nur ihr Geschlechtsteil ist länger. Wenn Sie schlafen, wird es übers Ohr gehängt.«

Man ist so lange nicht besoffen, wie man auf dem Boden liegen kann, ohne sich festzuhalten.

Eine englische Zeitung meldet den Tod eines Geistlichen in folgender Weise:
»Reverend Jones hat heute in den Abendstunden die Erde verlassen, um 'gen Himmel zu fahren.«
Darauf erhielt das Blatt spät in der Nacht noch eine Eildepesche:
»Reverend Jones noch immer nicht eingetroffen. Bin äußerst besorgt. St. Petrus.«

»Warum rennst du denn so, Kleiner?«

»Ich will verhindern, daß zwei Jungen sich prügeln.«
»Wer denn?«
»Peter und ich.«

Ein Indianer-Paar wohnt in einem New Yorker Luxushotel. Nachts bekommt er Durst und bittet seine Frau, ihm Wasser zu holen. Sie kommt nach fünf Minuten wieder: »Geht leider nicht, ein Bleichgesicht sitzt auf der Quelle.«

»Liebling, ich will nie erfahren, daß du mich betrügst...«
»Keine Sorge, mein Schatz, von MIR erfährst du's nie!«

Cesc/CCC.

Der Lehrer fragt Hansi:
»Sag mal, was soll das unter deinem Aufsatz ›Alle Rechte vorbehalten, einschließlich Verfilmung und Übersetzung‹?«

In der Schule malen die Kinder die Weihnachtsgeschichte. Die Lehrerin fragt Fritzchen: »Wer ist denn der kleine lachende Bursche neben der Krippe?«
»Fritzchen sagt: »Das ist ›OWIE‹!«
Fragt die Lehrerin: »Wer ist denn OWIE?«
Fritzchen sagt: »Es heißt doch, Stille Nacht, heilige Nacht, ›OWIE‹ lacht!«

Frage: »Welche Tiere haben ihren Schwanz vorne?«
Antwort: »Die drei Musketiere.«

Ein Mann fragt den jüngsten Sohn der Familie Neureich: »Kannst du schon zählen?«
»Klar«, sagt der, »eine Million, zwei Million ... «

»Also, das ist der Gipfel der Unverschämtheit«, brüllt Meier, »ich erzähle Ihnen, daß meine Frau ein Kind erwartet, und Sie fragen, von wem?«
»Nun regen Sie sich doch ab, ich dachte ja nur, Sie wüßten es!«

»Hatten Sie einen Unfall?« will ein Passant wissen.
»Nein, ich habe mein Auto nur umgekippt, um zu sehen, ob sich die Räder noch drehen.«

... und dann war da noch die Frau, die in einem Quiz als Hauptgewinn eine Nacht mit einem Star verbringen durfte.
Sie wählte die Fischer-Chöre!

Die junge Dame erscheint beim Heiratsvermittler:
»Ich suche einen Mann, der nicht raucht, nicht trinkt und niemals anderen Frauen nachrennt. Haben Sie so etwas?«

»Nein, aber im Stadtpark steht so einer!«
»Aus Ihrem Angebot?«
»Nein, aus Marmor!«

Der Bettler trägt ein Schild um den Hals auf dem steht: »Bitte um Unterstützung, damit ich zu meiner Familie kann.«
Ein Mann drückt dem Bettler zwei DM in die Hand und fragt: »Wo ist denn Ihre Familie?«
»Im Kino!«

Ein Polizist stoppt Gudrun. »Zeigen Sie mir Ihr Warndreieck.« – »Was denn, hier vor allen Leuten?«

Der Lehrer erklärt: »Ein Haus hat sieben Stockwerke. Von einem zum anderen Stockwerk führen jeweils zwanzig Stufen. Wie viele Stufen muß man hochsteigen, um vom Erdgeschoß in den siebten Stock zu gelangen?«
»Alle!«

Břetislav Kovařík/CCC.

Hinter einem Leichenzug fragt ein Zuschauer einen anderen:
»Wissen Sie vielleicht, wer der Verstorbene ist?«
»Ja, natürlich! Der erste ganz vorne, der von den sechs Männern getragen wird!«

Ein junger Mann versucht mit einem jungen Mädchen zu flirten, doch sie will nicht. Wütend zischt sie schließlich: »Sie können mich mal!«
Da lacht er sie freundlich an: »Mehr wollte ich ja auch gar nicht!«

»War die Scheidung schwierig?« fragt Hermann den Freund Emil. Sagt der: »Überhaupt nicht. Der Richter war der erste Mann meiner Frau!«

»Sag mir ehrlich, Gregor, was möchtest du lieber haben: eine schöne, eine anständige oder eine intelligente Frau?«
»Keine von allen, Liebling – ich habe ja dich!«

»Derjenige, dem diese Feder aufs Haupt schwebt, wird meine Tochter zur Gemahlin nehmen.«
Er ließ die Feder fallen.
Und alle: »PUST, PUST, PUST.«

Eva soll eifersüchtig auf Adam gewesen sein, daß sie immer, wenn er weg war, seine Rippen zählte.

Herr Meier geht zum Arzt und sagt: »Herr Doktor, ich habe jeden Morgen pünktlich um 5 Uhr Stuhlgang.«
»Na, dann freuen Sie sich doch.«
»Ja, aber ich stehe doch immer erst um 6 Uhr auf!«

Der Lehrer fragt: »Wozu hat ein Flugzeug Propeller?«
Fritzchen: »Damit der Pilot nicht schwitzt.«
»Blödsinn, wie kommst du denn darauf?«

Fritzchen: »Ja, ich hab' im Fernsehen einen Film gesehen, der spielte in einem Flugzeug; und als die Propeller ausfielen, da hat der Pilot vielleicht geschwitzt!«

Frage: »Welcher Dom ist der kleinste der Welt?«
Antwort: »Der Kondom. Da geht nur einer rein, und der muß auch noch stehen!«

»Kennen Sie Ibsen?« fragt der junge Buchhändler seinen neuesten Schwarm aus Sachsen.
»Nein«, erwidert das Mädchen errötend. »Wie macht man das?«

Ein Wehrpflichtiger gibt bei seiner Musterung ein Fläschchen ab, dessen Inhalt von seiner Freundin stammt. Der Stabsarzt nach der Untersuchung:
»Ich habe eine gute und eine schlechte Nachricht für Sie. Zuerst die schlechte: Sie sind zuckerkrank! Jetzt die gute: Sie sind schwanger!«

Alfred Taubenberger/CCC.

»Opa, was hättest du lieber: ein hübsches junges Mädchen oder ein Sahnebonbon?«
»Was soll den die Frage bedeuten, du weißt doch, daß ich keine Zähne habe.«

Treffen sich zwei fremde Tiere im Wald.
Sagt das eine zum anderen: »Was bist du denn für ein Tier?«
»Ich bin ein Wolfshund.«
»Wie kommt das denn?«
»Ja, mein Vater war ein Wolf und meine Mutter ein Hund. – Was bist du denn für ein Tier?«
Sagt das andere Tier ganz verlegen: »Ich bin ein Ameisenbär.«

»Das kapier ich nicht, Werner! Beim Kartenspielen gewinnst du immer, aber beim Pferderennen nie!«
»Ganz einfach. Versuch du doch mal, ein Pferd im Ärmel zu verstecken...«

Sunčica Božinovska/CCC.

Krügers in den Bergen.
Sie: »Ist das herrlich hier, ich bin ganz sprachlos!«
Er: »Wunderbar, dann bleiben wir sechs Wochen hier!«

Ein Blinder und ein Tauber sollen sich duellieren. Frühmorgens auf der taufrischen Wiese fragt der Blinde seinen Sekundanten: »Ist der Taube schon da?«
Auf der anderen Seite fragt der Taube: »Hat der Blinde schon geschossen?«

»Kennst du den Mona-Lisa-Sekt?«
»Nein, wie ist der?«
»Zwei Gläser davon, und man wird

das komische Grinsen nicht mehr los.«

»Fahren Sie nach Hamburg?«
»Ja, steigen Sie ein, junge Frau!«
»Ich bin nicht Ihre junge Frau.«
»Macht nichts – wir sind ja auch noch nicht in Hamburg.«

Weshalb sind die Radieschen rot?
Weil sie sich schämen; so jung und schon so scharf.

»Ich denke, dein Geschäft geht schlecht. Nun sehe ich dich hier bei Hummer und Kaviar?!«
»Das ist es ja eben, früher hat's auch für meine Frau gereicht.«

»Bis auf zwei Zähne haben Sie mir nun alle gesunden gezogen«, empört sich die Patientin beim Zahnarzt, »wie lange soll dieses Spielchen noch weitergehen?«
»Geduld, Geduld, gnädige Frau«, antwortet der Zahnarzt beruhigend, »weit weg kann der kranke Zahn nun nicht mehr sein!«

»Früher sind mir die Frauen immer massenhaft nachgelaufen.«

»Und warum heute nicht mehr?«
»Weil ich keine Handtaschen mehr klaue!«

Erich Paul Michl/CCC.

Ehepaar Meier sitzt im Theater. Kurz nach Beginn der Vorstellung raunt Herr Meier seiner Frau zu: »Paß auf, Erna, gleich kommt der lange Monolog!«
Worauf sie ganz entrüstet antwortet: »Hoffentlich setzt er sich nicht genau vor uns.«

Frage: »Warum ist in der Milch Fett?«
Antwort: »Damit es beim Melken nicht quietscht.«

Milen Rader/CCC.

Der Chefarzt zum neuen Patienten: »Wie bedauerlich, Sie sind ja schon wieder da. Ich habe Sie nun schon so oft gesehen!«
»Kann sein«, antwortet der Patient, »ich war zwar noch nie im Krankenhaus; aber ich bin der Portier vom Eros-Center!«

Ein Angler steht am Fluß und angelt. Kommt ein Wanderer vorbei und fragt:
»Na, beißen sie?«
»Nein, Sie können mich ruhig streicheln, wenn Sie wollen.«

Er: »Magst du Sex?«
Sie: »Überhaupt nicht!«

Er: »Ich auch nicht - also fangen wir gleich an, dann haben wir's hinter uns!«

Das Freudenmädchen spricht einen Pfarrer an: »Na, Hochwürden, wie wär's denn mit uns beiden?«
Darauf der Geistliche: »Erstens habe ich kein Geld; und zweitens sieht es der liebe Gott...«
»Danke, der erste Grund reicht mir«, unterbricht ihn das Freudenmädchen.

Was ist das Gegenteil von
FANTASIE?
COLA-DU!

Bei seinem morgendlichen Trimmlauf findet ein Jogger zwei Tennisbälle, die er beide in seine Hosentaschen steckt. Eine Passantin fragt ihn besorgt, was denn seine Hosen so furchtbar ausbeult.

»Tennisbälle.«

»Oh, wie furchtbar«, bemerkt die Passantin, »ich hatte einen Tennisarm, und das waren schon schlimme Schmerzen.«

Der Tierarzt macht seine übliche Runde durchs Dorf.

»Na, alles in Ordnung?« fragt er den Bauern.

»Eigentlich ja, nur die Kuh springt seit zwei Tagen unaufhörlich im Stall an die Decke.«
»Was hat sie denn?«
»Die Kuh? Ach, der fehlt nichts, aber unsere Melkmaschine hat Kurzschluß!«

Ein junges Pärchen kommt zum Ortspfarrer am Donnerstag und möchte am Sonntag heiraten. Der Pfarrer meint, so schnell geht das nicht.
Sagen die beiden:
»Uns egal, wie Sie das machen, wir fangen Sonntag an!«

Uli im Hutladen: »Die Hüte sind mir alle zu teuer, haben Sie nichts Billigeres?«

Olli Isomäki/CCC.

»Nur Zipfelmützen:«
»Nein, für den Kopf sollte es schon sein!«

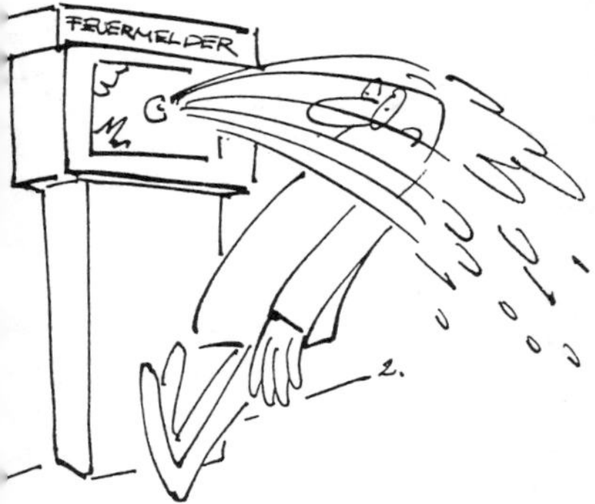

»Sag mal Tom, du hast dir doch neulich ein Wasserbett gekauft, um deine Ehe wieder in Schwung zu bringen. Klappt es denn?« – »Das kannst du daran erkennen, wie ich das Ding nenne: das Tote Meer!«

Der Artist Alfonso stellt sich beim Circus-Direktor vor. Er hat einen großen und einen kleinen Koffer. Aus dem größeren Koffer holt er einen riesigen Stein, schlägt ihn dreimal gegen seinen Kopf – und der Stein ist kaputt.
»Hervorragend«, meint der Direktor. »Aber was haben Sie in dem kleinen Koffer?«
»Kopfschmerztabletten!«

Fragt der Sohn: »Papi, was ist ein Zaunkönig?«
Vater: »Irgend so ein blöder Fisch.«
Daraufhin der Sohn: »Das versteh' ich nicht, hier im Buch steht, er hüpft von Ast zu Ast.«
Der Vater: »Na siehst du, wie blöd der ist?«

Festgenommen wurde ein Betrüger, der ein Medikament verkaufte, das angeblich ›ewiges Leben‹ bewirkt. Bei seiner polizeilichen Vernehmung stellte sich heraus, daß er wegen des gleichen Deliktes bereits 1631, 1802 und 1924 verhaftet worden war...

Der Angler am See spricht den jungen Mann an, der in den frühen Morgenstunden splitternackt baden will.
»An Ihrer Stelle würde ich aber eine Badehose anziehen. Hier beißen die Fische schon beim kleinsten Wurm an!«

Peter jammert: »Ich weiß wirklich nicht, warum ich Englisch lernen muß.«
»Aber Peter, die halbe Welt spricht doch Englisch.«
»Na, das genügt doch wohl.«

Gespräch eines Liebespaares auf der Parkbank: »Was seufzt du denn so, Schatz?« – »Ach, am liebsten Bier, Mäuschen!«

Toni Klöber/CCC.

Richter: »Warum haben Sie Ihre Schwiegermutter aus dem fahrenden Auto geworfen?«
»Es war doch Halteverbot dort!«

»Sagen Sie mal, wie alt sind Sie eigentlich?« fragt im Bus ein Fahrgast seinen Nachbarn.
»35 Jahre; aber was geht Sie das überhaupt an?«
»Im Prinzip nichts, aber ich finde, daß Sie dann schon auf Ihren eigenen Füßen stehen könnten.«

Die Lehrerin fragt die Klasse: »Wie heißt das einzige Tier, vor dem der Löwe Angst hat?«
Herbert weiß es: »Die Löwin!«

»Guck mal Mäxchen, diese armen Kinder haben weder Mutter noch Vater, weder Onkel noch Tante. Willst du ihnen nicht etwas zu Weihnachten schenken?«
»Ja, gern. Am liebsten Tante Berta!«

Brösel ist unter die Naturschützer gegangen. Als er sich in einem Kaufhaus nach einem Anzug umsieht, wirft er einen prüfenden Blick auf das Etikett. Strafend sieht er den Verkäufer an und sagt eisig:
»Auweia, ich möchte ja nicht wissen, wie viele Polyester dafür wieder ihr Leben lassen mußten.«

Drei Männer stehen auf dem Kölner Dom.
»Tolles Flugwetter«, sagt der erste und springt. Sanfte Landung. Der zweite springt und landet auch unversehrt!
»Na, wenn die beiden das machen«, sagt der dritte, »kann es ja nicht schwer sein!« und springt auch.
Da stößt der erste den zweiten an und sagt: »Also dafür, daß wir zwei Engel sind, sind wir ganz schön gemein!«

Urlaubsgast: »120 DM sind mir für dieses Zimmer etwas zu teuer.«
Wirt: »Dafür haben Sie aber auch

einen herrlichen Blick auf die Berge!«
Gast: »Und wenn ich Ihnen versprechen, nicht hinauszuschauen...?«

Erik Liebermann/CCC.

Seufzt die junge Witwe: »Was mich tröstet ist, daß mein Mann nicht lange leiden mußte.« – »Ach, waren Sie nur kurz verheiratet?«

»Gnädige Frau, waren Sie auch im Urlaub?«
»Ja, in Italien.«
»Haben Sie denn auch den Brenner überfahren?«
»Ja, wir haben jemanden überfahren, aber ob der Brenner hieß, weiß ich auch nicht.«

Unterricht in der Fahrschule. Der Fahrlehrer fragt Fräulein Mampe: »Was tun Sie zuerst, wenn Sie einen Unfall bauen?«

Meint Fräulein Mampe: »Ich hole einen Polizisten und lasse meine Unschuld feststellen!«

Klagt Susi ihrer Freundin: »Wenn ich nur wüßte, wie ich meine Pfunde loswerde.«
Die Freundin: »Ich würde nicht mehr so viel tanzen gehen. Das lange Sitzen bekommt dir ganz und gar nicht.«

Ein einäugiger Pianist spielt im »Prärie-Saloon«. Plötzlich kommt es zu einer wilden Schießerei, wobei dem Pianisten das gesunde Auge zerschossen wird.
Dieser schreit: »Prima Leute, immer zuerst auf die Lampen!«

Der betagte Lehrer trifft einen seiner Schüler und fragt: »Was ist denn eigentlich aus Ihnen geworden?«
Der frühere Schüler antwortet: »Ich bin Familienvater von sieben Kindern!«
Der Pädagoge brummt: »Ja, ja, aufgepaßt haben Sie ja damals in der Schule auch nicht!«

Was ist, wenn der letzte Österreicher stirbt?
Dann sind die Bayern wieder die Deppen!

Kommt ein Mann in eine Apotheke und sagt: »Die Kondome, die Sie mir verkauft haben, färben ab.«
Ruft ein 80jähriger aus dem Hintergrund: »Ja, ja, das kann ich Ihnen sagen; und knicken tun sie auch!«

»Liebling«, sagt die Ehefrau, »vorhin hat mir jemand gesagt, ich hätte einen hervorragenden Körper.«
»Und zu deinem dicken Arsch hat er nichts gesagt?«
»Nein Liebling, von dir war nicht die Rede!«

Mutter und Fritzchen sitzen am Tisch. Fritzchen hustet. Fragt die

Mutter: »Hast du dich verschluckt?«
Sagt Fritzchen: »Nee, ich bin noch da!«

Der Meister und sein Lehrling verlegen Teppichboden. Fragt der Lehrling:
»Meister, hier ist eine Mordsbeule in der Auslegeware. Wie kriege ich die am besten weg?«
»Hau ein paarmal mit dem Hammer drauf!«
Kurz darauf schaut die Frau des Hauses ins Zimmer.
»Eine Frage, meine Herren, hat einer von Ihnen vielleicht meinen Goldhamster gesehen?«

Fritzchen sagt zum Wackelpudding: »Brauchst nicht zu zittern, ich freß dich sowieso!«

Zwei Omas am Fenster, eine schwerhörig:
»Die armen Vögel im Wald!«
»Häääää?«
»Die armen Vögel im Waaald!!«
»Hääääää, was?«
»Die armen Vögel im Wald.«
Endlich, Oma hat es: »Jaa und die Reichen im Bett.«

Es treffen sich zwei Fische in einem Baum. Fragt der eine Fisch den anderen: »Kannst du mir mal deinen Kamm leihen?«

»Nein«, antwortet der andere, »du hast ja Schuppen.«

Der Reporter stellt dem 108jährigen die Frage: »Worauf führen Sie Ihr hohes Alter zurück?«
»Das kann ich jetzt noch nicht sagen, ich verhandle noch mit einem Kräuterlikör-Hersteller und einem Haferflocken-Fabrikanten.«

Eine Kompanie Kannibalen marschiert vorbei.
»Nanu«, staunt ein Zuschauer, »haben die jetzt weiße Offiziere?«
»Das sind keine Offiziere«, sagt ein anderer, »das ist die Marschverpflegung!«

Ostfriesland sendet ein Fernschreiben an China: »Erklären Krieg! Haben 5 Panzer und 221 Soldaten.« Darauf China: »Haben Erklärung angenommen! Haben 18 000 Panzer und 5 Millionen Soldaten!« Darauf Ostfriesland: »Nehmen Kriegserklärung zurück. Haben zu wenig Betten für die Kriegsgefangenen!«

»Ihr Beruf?«
»Ich bin Leiter einer Konservenfabrik.«
»ZDF oder ARD?«

»Mist, diese Sommerzeit.«
»Aber wieso denn?«

»Na ja, dieses blöde Uhrenzurückstellen, mußte 300 DM Strafe zahlen.«
»Strafe? Wofür denn Strafe?«
»Tja, hatte Gas und Wasseruhr auch zurückgestellt!«

»Gertrud, wenn ich heute nicht zum Arzt gegangen wäre, dann wärst du bald Witwe gewesen!«
»Das ist schon möglich. Aber nicht lange.«

Die Schwester zeigte das neugeborene Baby dem Vater. Der beugte sich strahlend über das Kleinkind und jubelte:
»Ein Knabe, ein Knabe!«

»Nein«, meint die Schwester, »ein Mädchen – würden Sie bitte meinen kleinen Finger loslassen!«

Heinz Langer/CCC.

Astronaut im Weltall.
Er ist schon weit hinter dem Mond, als plötzlich die Instrumente versagen.
»Mein Gott!« ruft er entsetzt.
Meldet sich da eine dunkle Stimme: »Ja, was ist?«

»Jammere nicht. Jeder Mann muß ein Hobby haben«, sagte die resolute Frau und band ihrem Mann die Küchenschürze um.

Junges Ehepaar:
»Liebling, das Essen schmeckt ja heute ganz toll. Hast du es ganz alleine aufgetaut?«

»Liebling, ich geh' zehn Minuten zu Inge rüber, rühr doch bitte alle halbe Stunde die Suppe um!«

Alfred Taubenberger/CCC.

Der Stationsarzt zur Jungschwester:
»Haben Sie dem Patienten auf Nummer 6 das Blut abgenommen?«
»Ja, natürlich. Aber mehr als 6 Liter habe ich aus ihm nicht herausbekommen.«

Ein etwas angeheiterter Berliner will mit seiner Frau in einen Bus einsteigen.
Sagt der Busfahrer:
»Nee, Männeken, mit so einem Affen nehm ick Ihnen nicht mit.«
Dreht sich der Berliner um und sagt zu seiner Frau: »Haste gehört, du mußt loofen.«

Reinhard Alff/CCC.

Ein Mann holt seine Frau nach zwei Stunden am Kosmetiksalon ab. Er schaut sie an und sagt:
»Na gut, du hast es wenigstens versucht!«

Im Kloster ist ein Mönch schwer krank. Der herbeigerufene Arzt untersucht ihn und meint dann zu den Glaubensbrüdern:
»Keine Sorge, es ist Gott sei Dank nichts Ernstes. In einer Woche haben wir ihn wieder auf den Knien!«

Im Kosmetikgeschäft unterhalten sich zwei Verkäuferinnen. Sagt die eine zur anderen:

»Du, gerade wollte eine Frau eine Schönheitscreme kaufen.«
»Na und?«
»Da habe ich ihr gesagt, du würdest sie auch nehmen, da wurde sie ganz skeptisch.«

Auf einer Parkbank:
»Lassen Sie das, Herr Lichtenstein!«
»Aber Herr Lichtenstein...!«
»Herr Lichtenstein...«
»Herrlich!... Herrlich!!!...«

Was steht auf dem Grabstein eines Schornsteinfegers?
Er kehrt nie wieder!

Kurt wettet, daß er drei Seiten des Telefonbuches auswendig aufsagen kann.
»Unmöglich«, meint sein Freund. »Fang mal an.«
»Schmitz, Schmitz, Schmitz...«

Der Polizist brüllt zum Angler: »Hören Sie mal! Wissen Sie denn nicht, daß angeln hier verboten ist?«
»Wieso? Ich habe hier kein Verbotsschild gesehen!«
»Das ist auch nicht nötig. Und jetzt steigen Sie mal schleunigst aus dem Aquarium heraus!«

In Hamburg haben zwölf Studenten einen Rekord erzielt. Sie stellten sich unter einen Regenschirm, ohne naß zu werden.
Der Versuch soll demnächst wiederholt werden – wenn es regnet!

Ein Postbeamter und ein Finanzbeamter gehen durch Bonn. Ein Passant ruft hinter den beiden her:
»He, du fauler Beamter!«
Was glauben Sie, wer sich von den beiden umdreht?
Der Postbeamte dreht sich um, denn der Finanzbeamte ist zu faul, um sich umzudrehen!

Gerold Paulus/CCC.

»Du, Egon, glaubst du eigentlich an Schwarze Kunst?«
»Ja, seit meine Frau kocht!«

Zwei Pinguine wackeln durch die Wüste.
Meint der eine: »Junge, muß das aber glatt sein hier!«
»Wieso?« fragt der andere.
»Mensch, siehst du nicht, wie die hier gestreut haben?«

Samstagabend, die Ziehung der Lottozahlen.
Erwin betrachtet seinen Tippschein und meint wütend: »Mist, schon wieder 43 Falsche!«

Ein verbitterter und enttäuscht aussehender Mann kommt in die Kneipe, steigt vorsichtig über einen Mann, der vor dem Tresen auf dem

Boden liegt, zeigt auf den Liegenden und sagt zum Barkeeper: »Einmal dasselbe bitte!«

Der Verehrer zu Beate: »Was ist denn Ihr Vater von Beruf?«
»Er ist Wurmimitator.«
»Um Gottes willen, wie schrecklich. Was macht er denn da?«
»Er bohrt für einen Antiquitätenhändler immer die Löcher in die Möbel.«

Wenn Sie eine Alkoholvergiftung vermeiden wollen, dürfen Sie keinen vergifteten Alkohol trinken.

Der Redakteur des Ostfriesischen Lokalfernsehens meint:
»Eigentlich wollten wir heute den ältesten Ostfriesen im Studio vorstellen. Doch leider kann dieser nicht kommen; sein Vater ist schwer erkrankt.«

Wie wird heute ein Dreißigjähriger in einer Diskothek angeredet?
»Na Opa, auch hier? Brennt das Altersheim?«

Der Vater fragt ihn, wie es war.
»Oh, gut, Papi, ich hab' heute zum erstenmal Geschlechtsverkehr gehabt.«
»Man, das ist ja töffte, setz dich

doch hin, das müssen wir feiern!« – »Ähem, feiern kann ich noch, aber sitzen ...«

»Verdammt, mein Junge, jetzt rufe ich mindestens schon zehnmal nach dir, und du hörst nicht! Was soll denn bloß mal aus dir werden?«
»Kellner, Papa!«

Zwei Männer treffen sich im Wald.
»Na, Jäger?«
»Nein, Schmetterlingssammler!«
»Du liebe Güte, das muß ja wahnsinnig lange dauern, bis Sie eine anständige Mahlzeit zusammenhaben!«

Der Boxweltmeister besingt seine erste Schallplatte. Entsetzt der eine Tontechniker zum anderen: »Der kann ja überhaupt nicht singen.«
»Stimmt, aber sag's ihm doch mal.«

Schmidt tobt ganz fürchterlich im Restaurant.
»Ober, der Herr am Nebentisch ist eine halbe Stunde nach mir gekommen und hat schon bereits sein Essen – ich dagegen warte immer noch darauf. Bitte holen Sie mir sofort den Geschäftsführer.«
»Nichts leichter als das, er sitzt am Nebentisch.«

Heinrich A. Popp/CCC.

Ein Fakir besucht den anderen.
»Schau, was ich dir mitgebracht habe!«
»Oh, einen ganzen Sack voller Nägel; das wird heute abend eine tolle Kissenschlacht geben.«

Der flotte Heini fragt den Arzt: »Herr Doktor, ich kann nachts so schlecht schlafen. Haben Sie nicht eine nette Patientin, die an der gleichen Krankheit leidet?«

»In unserer Firma kann man durchaus geteilter Meinung sein. Ich habe eine Meinung und Sie dürfen sie teilen«, spricht der Chef zu seinen Mitarbeitern.

Warum pflanzen die Ostfriesen ihre Kartoffeln in einer Plastiktüte?
Weil die Kartoffeln keinen Sand in die Augen bekommen sollen.

Ein Ostfriese hat von einer guten Fee drei Wünsche frei. Er wünscht sich ein Glas Bier, das nie leer wird. Schon steht ein Glas vor ihm. Er trinkt und trinkt – das Glas bleibt voll.
»Und was sind deine beiden anderen Wünsche?« fragt ihn die Fee.
Der Ostfriese: »Dann noch zwei Gläser voll ...«

Frau Blüm liest aus der Tageszeitung vor.
»Hör dir das an, da wird ein Rauschgifthändler gesucht…, ein Ladendieb gesucht…, ein Tresorknacker gesucht…«
»Typisch«, brummt ihr Mann, »und da hört man immer, es gäbe nicht genug Arbeitsplätze!«

Die Verschmutzung der Weltmeere nimmt doch wirklich immer mehr zu.
Als ich gestern z. B. eine Büchse Fisch aufmachte, war alles voller Öl – und die Fische natürlich alle tot.

»Sie sehen ja schlechter aus, als vor drei Tagen. Haben Sie denn meine Anordnung, höchstens drei bis vier Zigaretten am Tag zu rauchen, nicht befolgt?«
»Doch, Herr Doktor – aber ich habe doch vorher überhaupt nicht geraucht.«

»Vati, warum hast du eigentlich Mutti geheiratet?«
»Siehst du, nicht einmal das Kind kann es begreifen.«

»Herr Ober, ich möchte gerne dinieren!«
»Tut mir leid, mein Herr, die Nieren sind ausgegangen.«

»Dauernd diese Fragerei nach dem Führerschein, Herr Wachtmeister!«
»Haben Sie ihn nun dabei oder nicht?«
»Wie soll ich ihn dabei haben, wenn die Polizei ihn mir ständig wieder abnimmt?«

Ein Ehemann kommt in das Schlafzimmer gestürmt und ruft seiner Frau im Bett zu:
»Es brennt, es brennt! – Rasch, zieh dich an!«
Ertönt eine Stimme aus dem Schrank: »Rettet die Möbel, rettet die Möbel!«

Karl-Heinz Jahn/CCC.

»Was ist ein westfälisches Frühstück?«
»Ein Liter Korn, eine Mettwurst, fünf Flaschen Bier und ein Hund!«
»Wozu dient denn der Hund?«
»Sie sind vielleicht gut, irgendeiner muß doch schließlich die Mettwurst fressen!«

Maria und Josef stehen in Bethlehem vor einer Herberge und bitten um Nachtquartier.
Wirt: »Seht Ihr denn nicht das Schild, ›Kein Zimmer frei‹?«
Josef: »Doch, doch, aber seht Ihr denn nicht, daß mein Weib schwanger ist und jeden Augenblick nieder-

kommen kann?« – Wirt: »Dafür kann ich doch nichts?« Josef: »Ich vielleicht?«

Warum bekommen Alternative so viele Kinder?
Jute statt Plastik!

Erzählt Susi im Büro: »Wir drehen den Fernseher immer leise, damit die Nachbarn nichts hören.«
Errötend ihre junge Kollegin: »Wir stellen ihn immer laut, damit die Nachbarn nichts hören.«

Die Ehefrau muß zur Kur. Ihr Mann, voll Sehnsucht, reist zehn Tage später nach.
Im Haus ›Sonnenschein‹ sinken sie sich abends in die Arme. Glücklich stöhnt sie auf. Da poltert es plötzlich gegen die Wand, und der Zimmernachbar brüllt wütend:
»O nein, o nein – doch nicht jede Nacht…!«

Was ist das Wichtigste beim Schmeißen?
Das ›m‹!

»Du, Hartmut, unsere Nachbarin hat erzählt, daß die Polizei einen Mann sucht, der abends im Park immer die jungen Mädchen belästigt.«
»So, glaubst du, daß ich mich bewerben soll?«

Ein Mann steigt in den Bus, in der Hand ein Würstchen, in der anderen eine Tüte Pommes.
»Hallo, Sie«, ruft ihn der Fahrer zurück, »hier ist kein Speisewagen.«
»Wer weiß das nicht, deshalb habe ich mir ja auch mein Essen mitgebracht.«

Um die Tote zu identifizieren, wird der Ehemann ins Leichenschauhaus geholt. Kurz entschlossen greift er unter das alles verdeckende Laken, tastet an den Beinen entlang und nickt dann den Beamten zu:
»Ja, das ist meine Frau – Sie hatte immer so kalte Füße...«

Hält ein Verkehrspolizist eine Autofahrerin an und sagt: »Wissen Sie nicht, daß ein Kind erst ab zwölf auf dem Beifahrersitz sitzen darf?«
»Seien Sie doch nicht so pingelig?« erwidert die Frau, »wegen der paar Minuten!«

Ein Dicker trifft einen Dünnen.
»Wenn man Sie sieht, könnte man meinen, es herrscht Hungersnot im Land.«
»Und wenn man Sie sieht, könnte man meinen, Sie wären schuld daran.«

»Herr Rechtsanwalt, wenn ich mit einem halben Jahr davonkomme, bekommen Sie 1000 DM extra von mir.«
Nach dem Prozeß meint der Anwalt:
»Das war ein Stück Arbeit. Stellen Sie sich vor, die wollten Sie doch glatt freisprechen.«

Vor Gericht:
»Warum haben Sie bei der Festnahme einen falschen Namen angegeben, Angeklagter?«
»Weil ich im Augenblick solche Wut hatte, daß ich mich selber nicht mehr kannte, Herr Richter!«

»Ich möchte eine Vermißtenanzeige aufgeben. Meine Frau ist verschwunden!«
»Und seit wann?«
»Seit sechs Jahren!«
»Und da kommen Sie erst jetzt?«
»Ja, wir feiern in zehn Tagen Silberhochzeit, und da hätte ich Sie schon gern dabeigehabt.«

Frank Hoffmann/CCC.

»Schatz, hast du noch einen Wunsch?«
»O ja, ich möchte an drei besonderen Stellen geküßt werden.«
»Bitte sag sie mir!«
»Capri, Teneriffa und Hawaii!«

Am Himmelstor steht ein Automechaniker vor Petrus.
»Warum hast du mich so früh sterben lassen, ich bin doch erst 42 Jahre alt?«
Petrus schaut in seinem großen Buch nach und sagt:
»Nach den Stunden, die du deiner Kundschaft berechnet hast, bist du jetzt genau 102 Jahre alt!«

Ein Prediger in Schottland läßt zur Kollekte seinen Hut kreisen. Nach einer Viertelstunde ist der Hut wieder da, leer! Da hebt der Prediger den Blick zum Himmel und sagt:
»Ich danke dir, Herr, daß ich meinen Hut wieder habe.«

Ein Reisender zum Bahnhofsvorsteher: »Wie lange hält der Zug?« Er antwortet: »Wenn Sie ihn pflegen, zirka 20 Jahre.«

Was macht Kohl über Weihnachten?
Wahlnüsse knacken!

»Was will denn Ihr Sohn mal werden, Frau Immelmann?«
»Der wird sicher mal Arzt. Er sammelt heute schon alte Illustrierte fürs Wartezimmer.«

Ein Herr geht allein im Wald spazieren. Plötzlich steht da ein riesiger Kerl und sagt freundlich: »Ach, lieber Herr, können Sie nicht einen armen, einsamen Menschen ein wenig unterstützen, der nichts auf der Welt hat als einen geladenen Revolver ...?«

Der junge Ostfriese geht zum Standesamt, um ein Aufgebot zu bestellen.

»Und wo ist die Braut?« fragt der Beamte.
Staunt der Ostfriese: »Braut? Ich denke, die bekommt man hier...!«

Die Oma spielt Babysitter bei ihrem Enkel. Nachdem sie ihn ins Bett gebracht hat, singt sie ihm einen Einschlafreim:
»Eene, meene Mütze, zehn Pfund Grütze; eene, meene Muh, müd bist du!«
Erstaunt fragt der Enkel: »Sag mal Oma, bist du blau?«

Besser fernsehmüde,
als radioaktiv.

Wie bekommt man einen Ostfriesen aus der Badewanne?
Man läßt einfach Wasser ein!

Břetislav Kovařik/CCC.

Treffen sich zwei Rentner. Sagt der eine:
»Die optische Industrie hat neue Gläser entwickelt, durch die sieht man alles viel schöner und angenehmer.«
»Kenne ich«, sagt der andere. »Nur muß man diese Gläser immer nachfüllen.«

Honecker war zum Staatsbesuch in der Bundesrepublik Deutschland. Als er zurückkommt, fragt ihn seine Frau:
»Na, wie war's denn drüben?«
Sagt Honecker: »Genau wie bei uns. Für West-Mark kannste alles kaufen.«

Ein Kunde beim Friseur läßt sich rasieren, als er bezahlen soll, stutzt er.
»Beim letzten Mal habe ich 1 DM weniger bezahlt.«
»Ja«, sagt der Friseur, »aber nach dem Regierungswechsel sind die Gesichter länger geworden.«

Der Hausherr: »Finden Sie nicht, daß meine Frau ganz gut singt?«
Der Gast: »Wie bitte?«
»Ich sagte, finden Sie nicht, daß meine Frau heute besonders gut singt?«
»Verzeihung, ich habe Sie wieder nicht verstanden – das Weib dort grölt so entsetzlich!«

»Aha, Sie Schlauberger, Sie wissen also alles über Fußball.«
»Ja, selbstverständlich.«
»Gut, dann sagen Sie mir doch bitte, wie viele Löcher so ein Tornetz hat!«

Sagt die Mutter zu ihrem Sohn: »Zwei Ausdrücke will ich nicht mehr hören, der eine ist ›saublöd‹ und der andere ›zum Kotzen‹!«
»Okay, Mutti, und welches sind die beiden Ausdrücke?«

»Wenn Sie so weitermachen«, sagt die gutaussehende Dame, »dann habe ich Sie bald bei mir im Bett.«
»Hoppla, Sie gehen aber ran«, sagt

der Mann und trinkt noch einen Schnaps.
»Hoppla«, sagt die Dame, »ich bin Oberschwester im Krankenhaus.«

Fliegt durch die Luft und schreit:
Aha!?
Ein Uhu mit einem Sprachfehler!

Der kleine Peter hat die kranke Lehrerin besucht. Als er das Haus verläßt, stehen die Klassenkameraden davor. Sie wollen wissen, wie es ihr geht. »Es ist keine Hoffnung mehr«, sagt der kleine Peter betrübt. »Sie kommt morgen wieder in die Schule.«

Zwei Jungen geben mit den Kriegserlebnissen ihrer Väter an. Sagt der eine:
»1945 hat mein Vater noch einen Flieger mit der Mistgabel heruntergeholt.«
Fragt der andere: »Unglaublich, vom Himmel?«
»Nein, von meiner Schwester!«

Der Abgeordnete speist im Restaurant.
»Wie schmeckt Ihnen das Essen?« fragt der Ober eifrig.
Meint der Politiker: »Danke, es geht. Leider haben die Kartoffeln die absolute Mehrheit!«

Gerd Glück/CCC.

Zwei Wochen, nachdem ihm Petrus einen Stahlwerksdirektor in die Hölle geschickt hat, beschwert sich der Teufel beim Himmelswächter:
»Den Stahlboß nimmst du sofort wieder zurück. In 14 Tagen hat er schon 3 Öfen stillgelegt, und der Rest der Mannschaft macht Kurzarbeit!«

Was sagt Mama Dracula, nachdem ihr Junior zum erstenmal zugebissen hat?
»Ach du liebes Bißchen ...«

»Ihre Gattin braucht dringend Seeluft«, sagt der Doktor.
Der Schotte nahm seine Frau und ging mit ihr in ein Fischgeschäft.

In der Ehe klappt's nicht mehr so richtig. Der Ehemann hat kein besonderes Interesse mehr. Da rät der Hausarzt der Ehefrau, es einmal mit einem verführerischen Negligé zu versuchen.
Die Frau setzt sich abends im schwarzen Negligé verführerisch auf die Couch. Kommt der Ehemann ins Zimmer, sieht seine Frau und meint: »Is' was mit Oma?«

Eine alte Dame fragt Mäxchen am Strand: »Sag mal, werden hier oft Wracks angespült?«
»Nein«, antwortet Mäxchen, »Sie sind das erste.«

Wie nennt man einen Sonnenuntergang in Finnland?
Hel-sin-ki!

Der Schaffner entdeckt im Gepäcknetz einen Mann.
»Kommen Sie mal sofort da runter!« schnauzt er den Reisenden an. »Sie haben da oben nichts verloren.«
»Aber wieso, ich habe doch eine Netzkarte.«

Fritzchen weint schon den ganzen Tag, weil sein kleiner Hamster gestorben ist.
Sein Vater sagt zu ihm: »Als Großmutter starb, hast du doch auch nicht so geweint.«
Fritz noch immer schluchzend: »Die habe ich ja auch nicht von meinem Taschengeld gekauft.«

Frage: »Woran kann man einen Schwarzbär von einem Grizzly unterscheiden?«
Antwort: »Der Schwarzbär kommt zu dir rauf auf den Baum, der Grizzly schüttelt dich runter!«

Der schwerkranke Firmeninhaber flüstert seiner Frau ins Ohr: »Was soll nur werden, wenn ich nicht mehr da bin?«
Beruhigend tätschelt ihm seine Frau die Fieberwange: »Jetzt stirb du erst mal – und dann sehen wir weiter!«

Unterhalten sich Sue Ellen und J. R. Sagt J. R.: »Ich bewundere Picasso – kein Mensch hat sein Öl so teuer verkauft wie er.«

Was hat jemand, der ganz dicke
Eier hat?
Ganz dicke Hühner!

Gerold Paulus/CC(

Die Schmetterlinge machen es, die Bienen machen es, die Vögel machen es. Herr Müller will es auch machen, aber er kann nicht. Herr Müller ist ein Mensch, und Menschen können nicht fliegen.

»Im Vertrauen, Frau Sieber, mein Mann ist impotent.«
»Unerhört, und meiner ist erst Inspektor!«

Ein bärtiger Mann auf einer einsamen Insel winkt ganz wild mit seinem weißen Hemd zum Schiff rüber. Fragt eine Frau: »Herr Kapitän, dort winkt ein Mann ganz toll!«

Sagt der Kapitän: »Ach, der freut sich immer so, wenn wir hier vorbeikommen!«

Erwin Müller beklagte sich beim Arzt: »Herr Doktor, ich habe drei Warzen auf der Brust! Was kann man da tun?«
Meint der Arzt: »Ich werde Ihnen in die Oberlippe drei Knopflöcher machen, dann haben Sie im Winter einen warmen Hals.«

Was ist das? Ein gertenschlankes Mädchen, an der Autobahnauffahrt?
Eine anhaltende Dürre!

Klaus Pitter/CCC.

Der Taucher geht auf dem Meeresgrund spazieren. Plötzlich hört er im Kopfhörer:
»Raufkommen, bitte sofort raufkommen!«
»Was ist denn passiert?«
»Wir sinken!«

Vera: »Stell dir vor, mein Freund hat mich vorige Woche mit nach Berchtesgaden genommen.«
»Oh, wie schön, hat er dir denn auch den Watzmann gezeigt?«
»Ja, gleich hinter Köln!«

Ein Zoo-Besucher sah einen Wärter schluchzend in einer Ecke stehen und fragte einen anderen nach dem Grund.
»Der Elefant ist gestorben«, lautet die Antwort.
»Ihr Kollege hat wohl sehr an dem Tier gehangen?«
»Ach, das ist es nicht. Aber er muß das Grab schaufeln.«

Kommt ein Mann eiligen Schrittes in einen Tabakladen: »Ein Päckchen Streichhölzer!«
»Was brüllen Sie denn so«, reagiert der Verkäufer ärgerlich, »ich bin doch nicht taub. Mit oder ohne Filter?«

Starfotograf: »Und jetzt bitte einen ganz grüblerischen Ausdruck ... gnäd'ge Frau ... wieviel sind zum Beispiel 6 × 6 ...?«

Sind 10 000 Mark eigentlich viel Geld?
Nein, man hat 5000 große Bier und noch nicht einmal Zigaretten!
